Impressum

Verlag: BABADADA GmbH, Nedderfeld 112 , 22529 Hamburg

Geschäftsführer / Verlagsleitung: Harald Hof

Druck: Books on Demand GmbH, In de Tarpen 42, 22848 Norderstedt

Imprint

Publisher: BABADADA GmbH, Nedderfeld 112 , 22529 Hamburg, Germany

Managing Director / Publishing direction: Harald Hof

Print: Books on Demand GmbH, In de Tarpen 42, 22848 Norderstedt, Germany

ښوونځی
sekolah

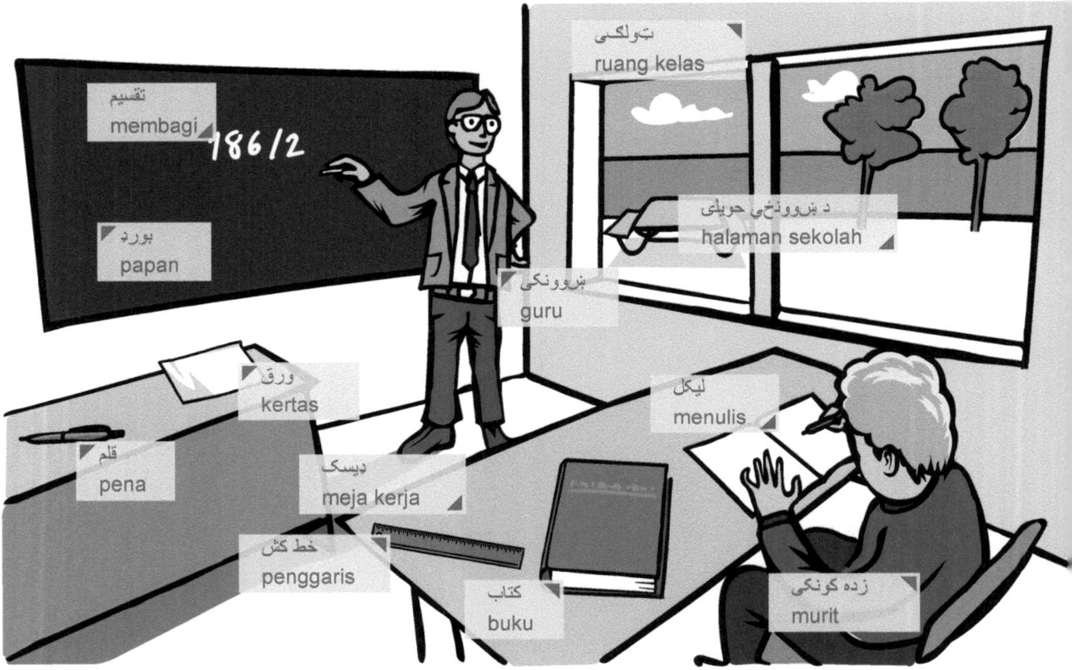

تقسیم
membagi
186/2
بورډ
papan
ټولګی
ruang kelas
د ښوونځي حویلی
halaman sekolah
ښوونکی
guru
ورق
kertas
لیکل
menulis
قلم
pena
ډیسک
meja kerja
خط کش
penggaris
کتاب
buku
زده کونکی
murit

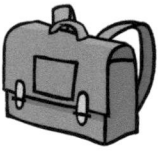

کڅوړه

tas sekolah

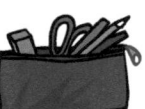

د پنسل بکسه

tempat pensil

پنسل

pensil

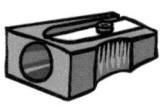

پنسل تراش

pengasah pensil

ربړ

penghapus

د رسامۍ پاڼه

kertas gambar

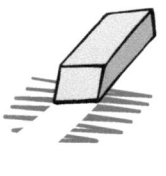

رسامي

gambar

د نقاشی برس

kuas

د نقاشی بکس

kotak cat

قیچي

gunting

سریش

lem

د تمرین کتاب

buku latihan

کورنی دنده

pekerjaan rumah

12

شمیر

angka

2+2

جمع

tambhakan

5-2

منفي

mengurangi

2×2

ضرب

mengalikan

حساب

menghitung

A

توری

huruf

ABCDEFG
HIJKLMN
OPQRSTU
VWXYZ

الفبا

alfabet

hello

کلمه

kata

متن
....
teks

لوستل
....
membaca

تباشير
....
kapur

درس
....
pelajaran

راجستر
....
daftar

ازموينه
....
ujian

تصديق پاڼه
....
sertifikat

د ښوونځي يونيفارم
....
seragam sekolah

تعليم
....
pendidikan

دايره المعارف
....
ensiklopedi

پوهنتون
....
universitas

مايكروسكوپ
....
mikroskop

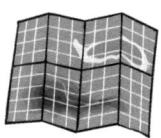

نقشه
....
peta

اشغالدانى
....
tempat sampah

هوټل
hotel

ليليه
hostel

ROOMS

د اسعارو د تبادلي دفتر
kantor pertukaran mata uang

بکس
koper

موټر
mobil

ECHANGE

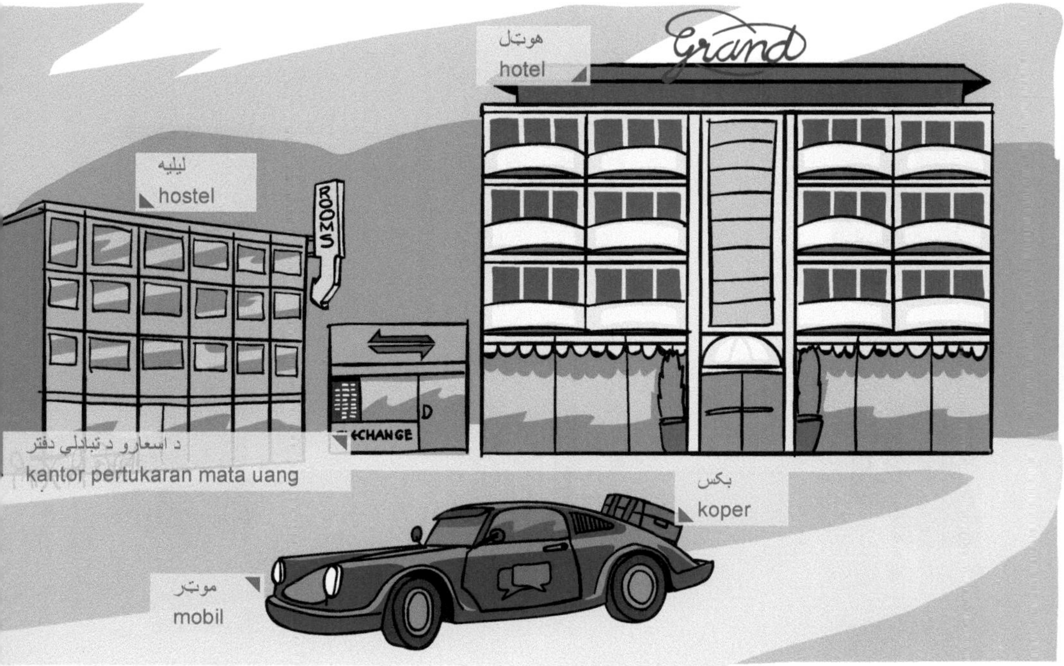

ژبه
bahasa

هو/نه
ya / tidak

سمه ده
okay

سلام
hallo

ژبارونکی
penerjemah

مننه
terima kasih

څومره ده ...؟

Berapa harganya...?

زه نه پوهیږم

saya tidak mengerti

ستونزه

masalah

ماښام مو پخیر!

Selamat malam!

سهار په خیر!

Selamat siang!

شپه په خیر!

Selamat tidur!

په مخه مو بښه

sampai jumpa

لارښود

arah

سامان

bagasi

بیگ

tas

شاتنی بکس

ransel

میلمه

tamu

خونه

ruang

د خوب کڅوړه

kantong tidur

خیمه

tenda

د توريزم معلومات

informasi wisata

ساحل

pantai

کریدیت کارت

kartu kredit

ناری

sarapan

د غرمي خواړه

makan siang

د شپې خواړه

makan malam

ټيکټ

tiket

لفټ

elevator

مهر

perangko

پوله

perbatasan

ګمرک

cukai

سفارت

kedutaan

ويزه

visa

پاسپورت

paspor

ټرانسپورټ

transportasi

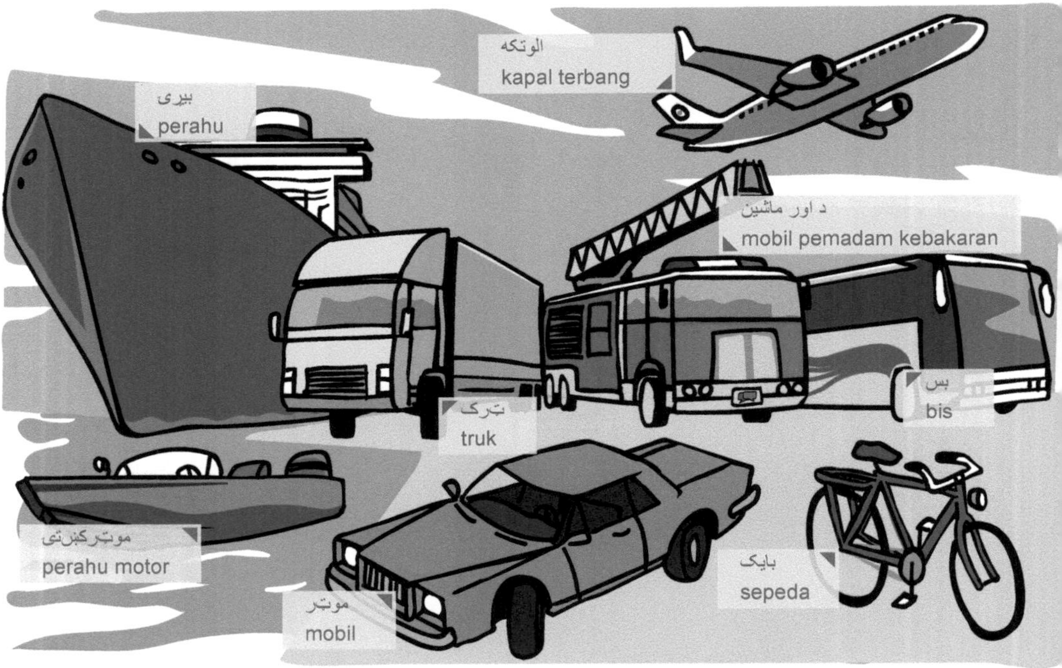
الوتکه
kapal terbang
بیړی
perahu
د اور ماشین
mobil pemadam kebakaran
بس
bis
ټرک
truk
موټرکښتی
perahu motor
بایک
sepeda
موټر
mobil

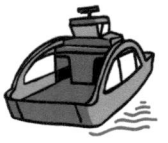

کښتی

feri

کښتی

perahu

موټرسایکل

sepeda motor

د پولیسو موټر

mobil polisi

د ریس موټر

mobil balapan

کرایی موټر

mobil sewa

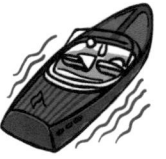

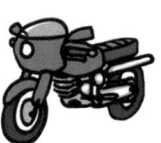

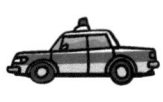

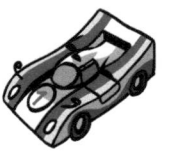

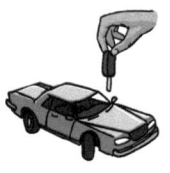

د کرایه موټري

berbagi mobil

کرتۍ لرونکی لیفټرجر

truk derek

کرت زوبیفر

truk sampah

موټر

motor

يكوت گنوس

bahan bakar

پټرول سټيشن

bensin

ترافيكي نښه

tanda lalulintas

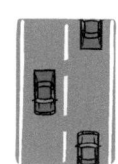

ترافيك

lalulintas

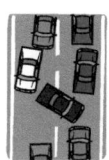

جام ترافيک

macet

د موټرو تمځای

parkir mobil

د ريل سټيشن

stasiun kereta

پاتنکي

trek

ريل

kereta api

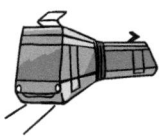

ترام

tram

واگون

gerobak

چورلکه

helikopter

هوايي ډګر

bendara

برج

menara

مسافر

penumpang

کانټينر

container

کارتون

karton

کارت

troli

ټوکری

keranjang

الوتنه کول/کښينناستل

berangkat / mendarat

بښار

kota

کلی

desa

د بښار مرکز

pusat kota

کور

rumah

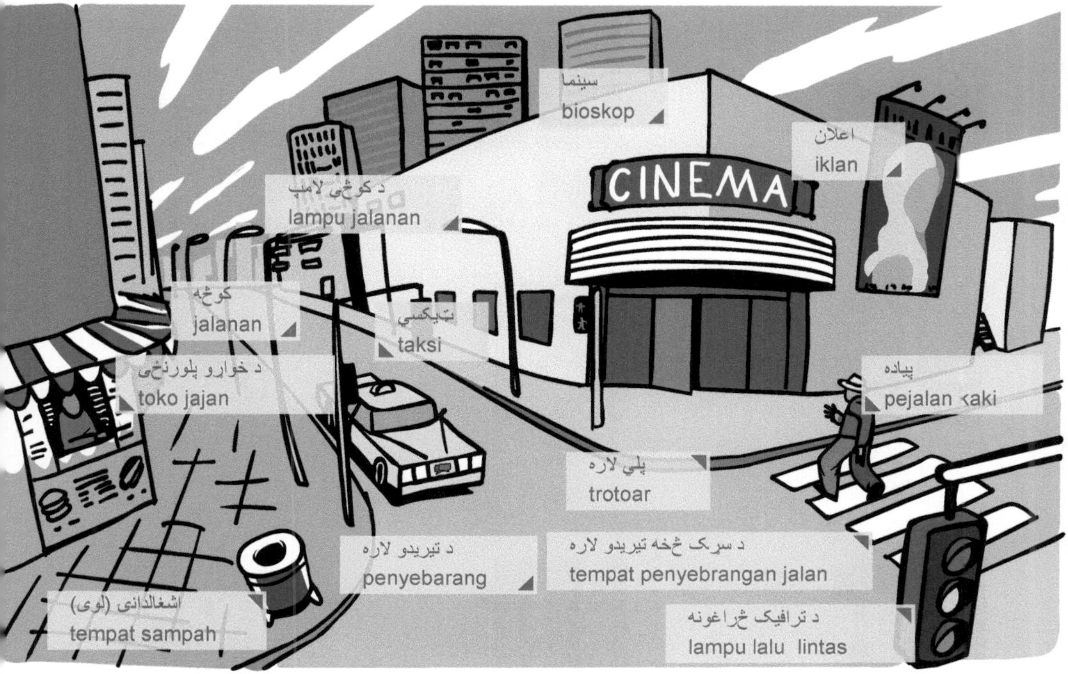

سینما
bioskop

اعلان
iklan

د کوڅې لامپ
lampu jalanan

CINEMA

کوڅه
jalanan

ټیکسي
taksi

د خوارو پلورنځی
toko jajan

پیاده
pejalan kaki

پلی لاره
trotoar

د تیریدو لاره
penyebarang

د سرک څخه تیریدو لاره
tempat penyebrangan jalan

د اشغالدانی (لوی)
tempat sampah

د ترافیک څراغونه
lampu lalu lintas

کوډله
gubuk

اپارتمان
rumah flat

د ریل سټیشن
stasiun kereta

ټاون هال
balai kota

میوزیم
museum

ښوونځی
sekolah

ښار - kota

11

پوهنتون

universitas

بانک

bank

روغتون

rumah sakit

هوتل

hotel

درملتون

farmasi

دفتر

kantor

کتاب پلورنځی

toko buku

پلورنځی

toko

د ګلانو پلورنځی

toko bunga

لوی پلورنځی

supermarket

مارکیټ

pasar

د ډیپارټمنټ سټور

toko serba ada

کب پلورنځی

nelayan

د پلور مرکز

pusat belanja

لنگرتون

pelabuhan

پارک
....
taman

بینچ
....
banku

پل
....
jembatan

زینه
....
tangga

د خمکي لاندي
....
kereta bawah tanah

تونل
....
terowongan

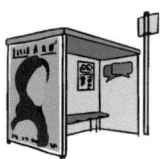

بس تمخای
....
pemberhantian bis

بار
....
bar

ریستورانت
....
restauran

پوست بکس
....
kotak surat

د کوڅي نښه
....
tanda jalan

د پارک کولو میتر
....
meteran parkir

ژوبن
....
kebun binatang

د لامبو حوض
....
kolam renang

مسجد
....
mesjid

كرونده
....
pertanian

ناپاكي
....
polusi

هدیره
....
kuburan

چرچ
....
gereja

د لوبو دكر
....
tempat bermain

معبد/كليسا
....
pura

منظره

pemandangan

پانه
daun

د لارښووني ټيښ‌ه
penunjuk arah

لاره
jalanan

چمن
padang rumput

كاڼى
batu

ونه
pohon

هيگر
pejalak kaki

سيند
sungai

وښ‌ه
rumput

گل
bunga

دره
....
lembah

غوندى
....
bukit

ناور
....
danau

خنگل
....
hutan

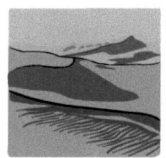

دشته
....
padang gurun

اورشیندى
....
gunung berapi

کلا
....
istana

رنگین کمان
....
pelangi

مرخیرى
....
jamur

پلم ونه
....
pohon palem

ماشى
....
nyamuk

الوتل
....
lalat

میږى
....
semut

مچى
....
lebah

غوند/جولا
....
laba-laba

كونگكت

kumbang

چونگبنه

kodok

نولى

tupai

زيرىكى

landak

سوى

kelinci

كونگك

burung hantu

مرغى

burung

قازه

angsa

نرخوگ

babi jantan

هوسى

rusa

گاوزه

rusa

بند

bendungan

بادي توربين

turbin angin

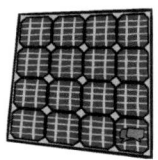

سولر تختى

panel surya

اقلىم

iklim

پیشخدمت
pelayan

مینو
daftar makanan

چوکی
kursi

سوپ
sup

پیزا
pizza

بشاخی، چاقو، کاشوغه
peralatan makan

د میز پوښته
taplak

سټارټر
hindangan pembuka

اصلي خواړه
hidangan utama

شیرني
hidangan penutup

خڅاک
minuman

خواړه
makanan

بوتل
botol

فاست فود

fastfood

د کوڅی خوارہ

masakan jalanan

چای جوش

teko teh

قندانی

kaleng gula

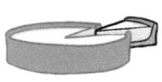

برخه

porsi

اسپرسو مشین

mesin espresso

لوړه چوکی

kursi tinggi

رسید

tagihan

مجمه

baki

چاکو

pisau

پنجه

garpu

قاشق

sendok

چای قاشق

sendok teh

سورویت

serbet

گلاس

gelas

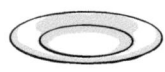

پلیټ
piring

د سوپ پلیټ
piring sup

نالبکی
lepek

ساس
saus

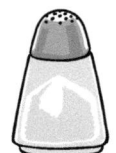

مالګه شیندونکی
tempat garam

د مرچ ټکولو لوخی
gilingan merica

سرکه
cuka

غوړي
minyak

مساله
bumbu

کچ اپ
saus tomat

شرشم
mustar

چکه
mayones

لوی پلورنځی

supermarket

ځانګړی وړاندیز
penawaran khusus
FOR
پیرودونکی
klien
لبنيات
produk susu
ميوه
buah
لاسي څرخ
troli

BUTCHERS

قصابي
....
pembantai

BAKERY

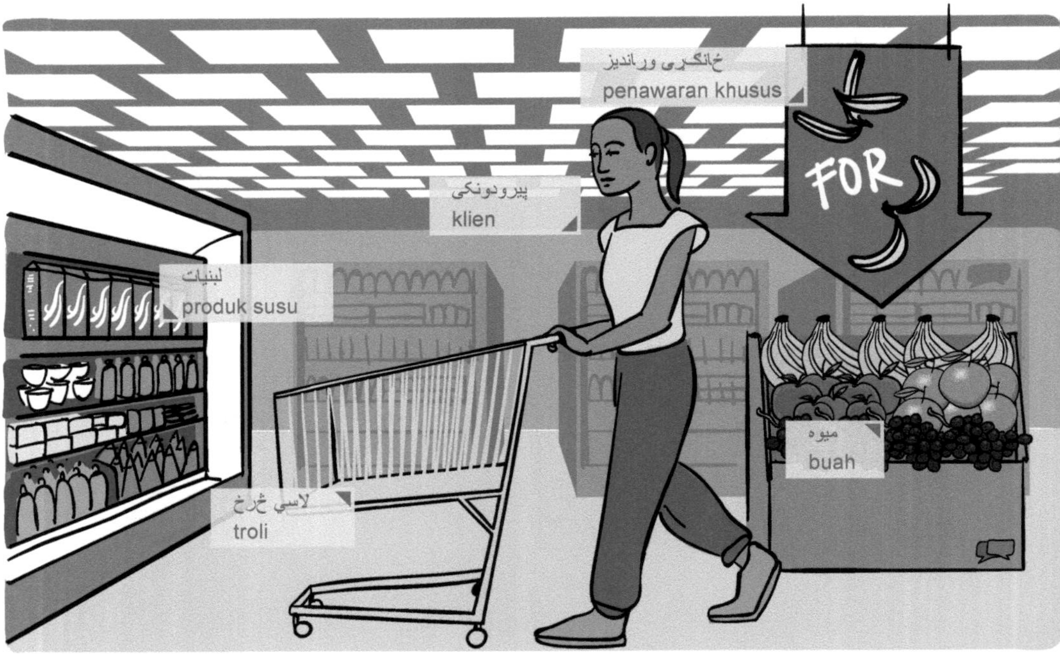

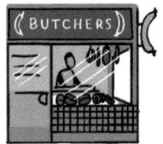

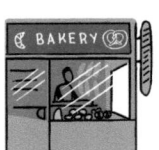

نانوايي
....
toko roti

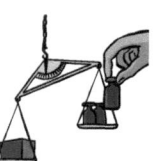

وزن کول
....
menimbang

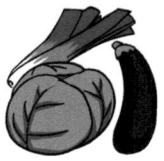

سبزيجات
....
sayur

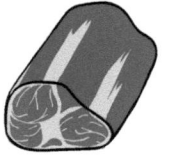

غوښه
....
daging

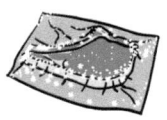

کنګل خواړه
....
makanan beku

يخه غوښه

pemotongan dingin

كنسرواخواړه

makanan kaleng

د مينځلو پودر

sabun serbuk

ښيريني

permen

كورني توليدات

alat-alat rumah tangga

د پاكولو محصولات

obat pembersihan

د پلور فرد

penjual

د نغدي راجستر

kasa

صراف

kasir

د پيرود ليست

daftar belanja

كاري ساعتونه

jam buka

بټوه

dompet

كريډيټ كارت

kartu kredit

كڅوړه

tas

پلاستيک كڅوړه

kantong plastik

minuman

اوبه
....
air

جوس
....
jus

ﺷﻴﺪﻩ
....
susu

كوك
....
cola

واين
....
anggur

بير
....
bir

الكول
....
alkohol

ككاو
....
coklat

چای
....
teh

كافي
....
kopi

اسڤرسو
....
espresso

كڤچينو
....
cappucino

كيله

pisang

منه

apel

نارنج

jeruk

هندوانه

semangka

ليمو

jeruk lemon

گازره

wortel

هووره

bawang putih

بانكس

bambu

پياز

bawang bombai

مرخيري

jamur

چغزى

kacang

آش

mi

سپیگتی
....
spagetti

وریجی
....
nasi

سلاد
....
salat

چپس
....
kentang goreng

سره کړي کچالو
....
kentang goreng

پیزا
....
pizza

همبرگر
....
hamburger

ساندویچ
....
sandwich

کتره
....
sayatan

د پتّون غوښه
....
ham

سلمي
....
salami

ساسچ
....
sosis

چرگ
....
ayam

روسّت
....
menggoreng

کب
....
ikan

د وربشی شیرني
....
bubur gandum

موسلي
....
sereal

د جوار پلی
....
cornflakes

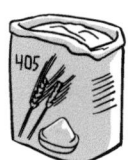

اوړه
....
tepung

کروسانت
....
croissant

د ډوډۍ رول
....
roti

ډوډۍ
....
roti

ټوسټ
....
toast

بسکیټ
....
biskuit

کوچ
....
mentega

چکه
....
dadih

کیک
....
kue

هګۍ
....
telur

پیښي هګۍ
....
telur goreng

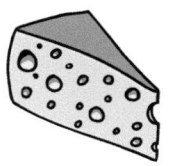

پنیر
....
keju

آيس كريم

eskrim

بوره

gula

شهد

madu

مربا

selai

نوگات كريم

krim nugat

كوركمان

kare

د کروندۍ خونه
rumah peternakan

غوجل
lumbung

د بوسو گیدی
bale jemari

خمکه
lapangan

اس
kuda

لاس گادی
kereta gandeng

کوچنی اس
anak kuda

تریکتر
traktor

خر
keledai

وری
domba

پسه
domba

وزه
....
kambing

غوا
....
sapi

خوسکی
....
betis

خوگ
....
babi

د خوگ بچی
....
celeng

غویی
....
banteng

بته

angsa

هيلى

bebek

چرگوړی

anak ayam

چرګه

ayam

بانګي

ayam jantan

سارای موږک

tikus

پیشک

kucing

موږک

tikus

غویی

lembu

سپی

anjing

د سپي خونه

rumah anjing

د باغ هوز

selang

د اوبو لوخی

penyiram

لور (داس)

sabit

یوی

bajak

لور

sabit

رمبی

cangkul

بښاخی

garpu rumput

تبر

kapak

کراچی

gerobak

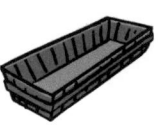

ناوه

palung

د شیدو لوخی

kaleng susu

جوال

karung

کتباره

pagar

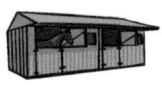

مضبوط

kandang

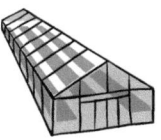

شنه خونه

rumah kaca

خاوره

tanah

تخم

benih

سر/ه/کود

pupuk

گد ریبونکی ماشین

mesin pemanen

زیرمه کول

panen

درمند

panen

خواره کچالو

yams

غنم

gandum

سویا

kedelai

کچالو

kentang

جوار

jagung

نباتي تخم

lobak

د میوی ونه

pohon buah

مانیوک

singkong

غله

sereal

کور

rumah

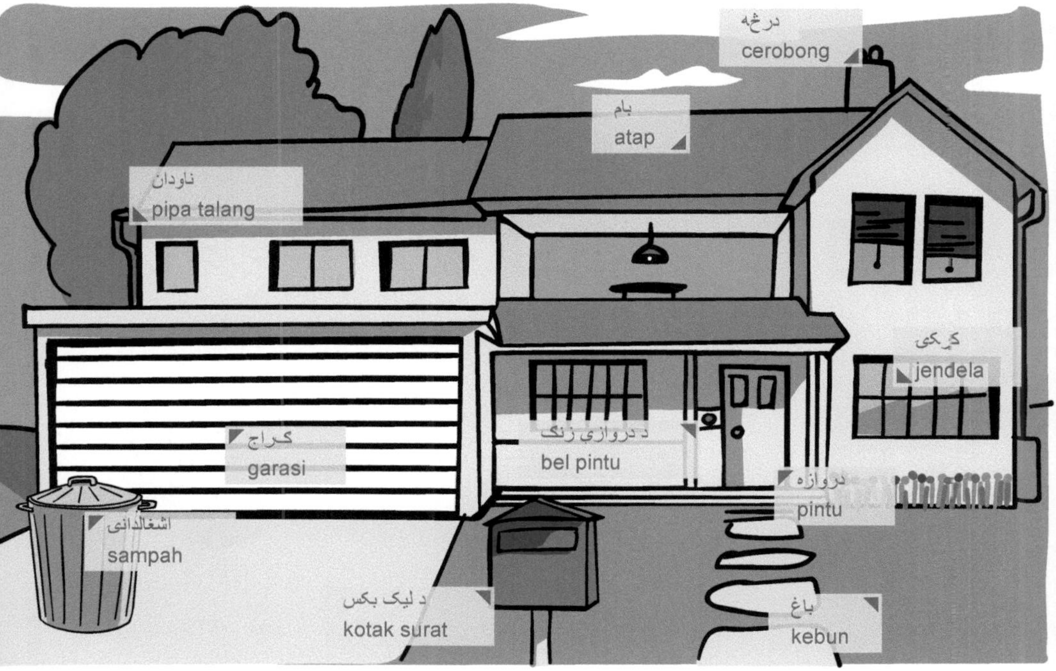
درخچه
cerobong
بام
atap
ناودان
pipa talang
کړکۍ
jendela
ګراج
garasi
د دروازې زنګ
bel pintu
دروازه
pintu
اشغالدانی
sampah
د لیک بکس
kotak surat
باغ
kebun

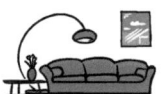

د اوسیدو خونه
ruang tamu

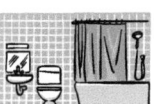

حمام
kamar mandi

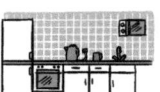

پخلنځی
dapur

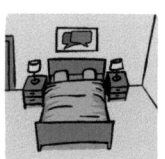

د ویده کیدو خونه
kamar tidur

د ماشوم خونه
kamar anak

د خوړو خونه
kamar makan

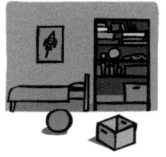

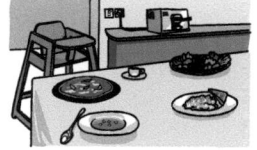

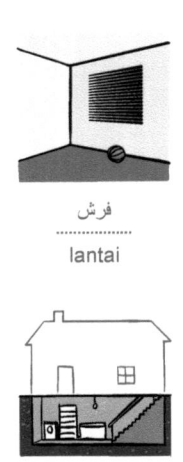		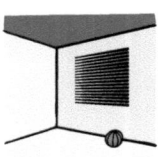
فرش	ديوال	چت
lantai	tembok	atap

زيرخانه	سونا	بالكوني
gudang di bawah tanah	sauna	balkon

تراس	حوض	د چمن وهلو ماشين
teras	kolam renang	mesin pemotong rumput
		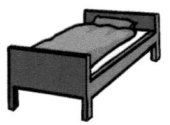
شيت	روجايى	تخت
sprei	selimut	tempat tidur

جارو	بوكه	سويچ
sapu	ember	tombol

د اوسیدو خونه

ruang tamu

والپیپر
kertas dinding
عکس
gambar
لامپ
lampu
شیلف
rak
الماری
kabinet
تلویزیون
televisi
نغری
perapian
ګل
bunga
بالښت
bantal
صوفه
sofa
ګلدانی
vas
ریموټ کنټرول
remote control

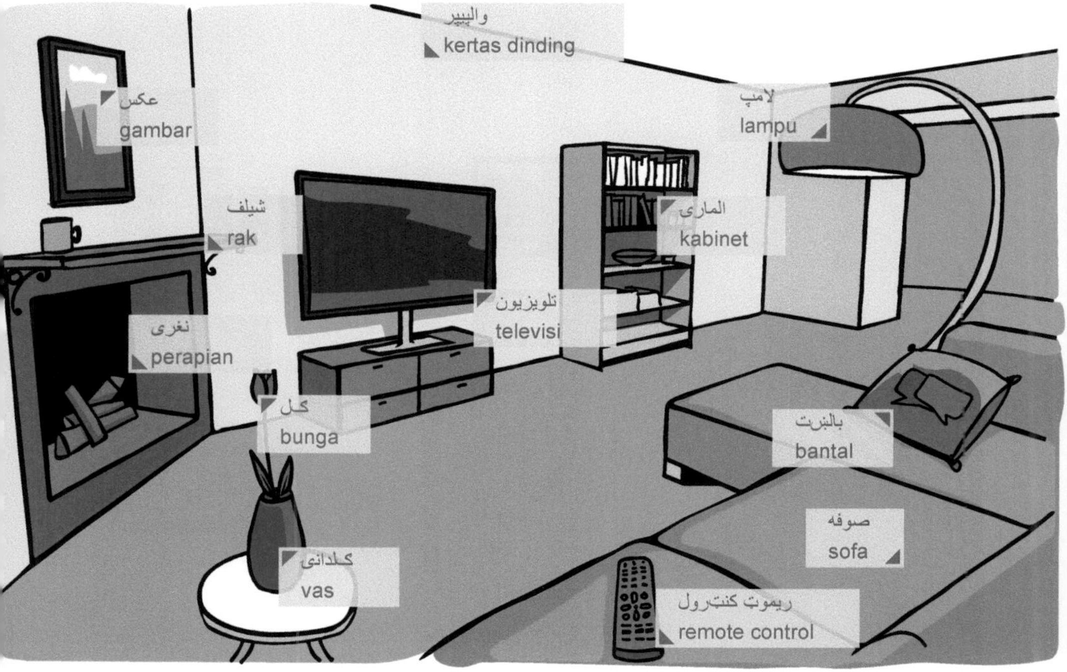

غالی

karpet

پرده

korden

میز

meja

چوکی

kursi

تاویدونکي چوکی

kursi goyang

بازو لرونکی چوکی

kursi malas

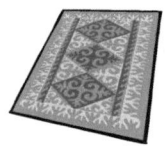

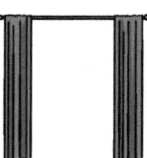

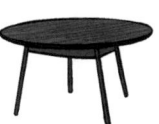

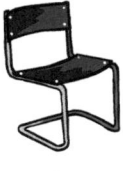

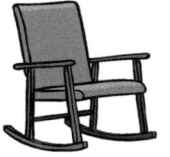

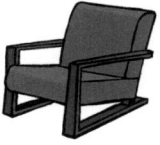

كتاب

buku

كمپل

selimut

ديكوريشن

dekorasi

د اور لركـي

kayu bakar

فلم

filem

هايـفاى

hi-fi

كلي

kunci

ورځپاڼه

koran

نقاشي

lukisan

پوسټر

poster

راديو

radio

كتابچه

buku tulis

واكيوم جارو

penyedot debu

كاكتوس

kaktus

شمع

lilin

پخلنځی
dapur

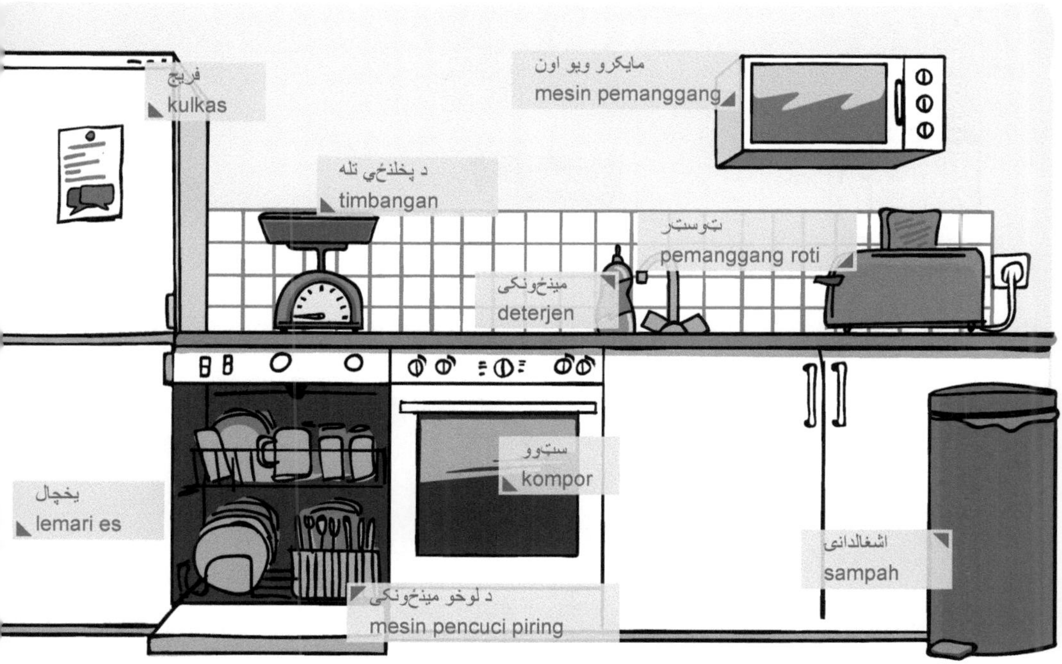
فریج
kulkas
مایکرو ویو اون
mesin pemanggang
د پخلنځي تله
timbangan
ټوستر
pemanggang roti
مینځونکی
deterjen
سټوو
kompor
یخچال
lemari es
اشغالدانی
sampah
د لوخو مینځونکی
mesin pencuci piring

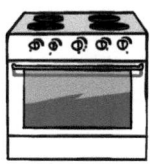

دیګ بخار
kompor

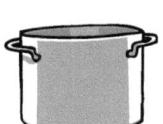

لوخی
panci

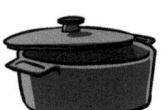

چدني لوخی
panci besi

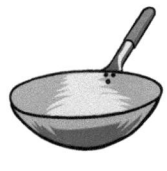

ووک
wajan

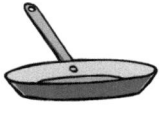

د تلي په
panci

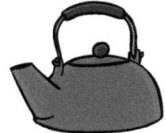

چای جوش
pemanas air

د بخار دیگ
....
panci pengukus makanan

پتنوس
....
nampan

لوخي
....
piring

مګ
....
cangkir

کاسه
....
mangkok

د رانیولو اوزار
....
sumpit

څمڅى
....
sendok sup

کفګیر
....
sudip

پاکونکى
....
mengocok

صافي
....
saringan

غلبیل
....
saringan

ګریتر
....
parutan

اونګ
....
mortir

بار بي کیو
....
barbeque

خلاص اور
....
api terbuka

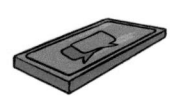

تخته

papan memotong

هوارونکی

gilingan

کارک سکریو

alat pembuka botol

بتيم

kaleng

د بتيم خلاصونکی

pembuka kaleng

د لوخي بتوبته

pegangan panci

ظرف شوی

wastafel

برس

sikat

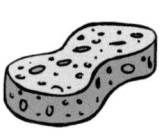

سپنج

busa

بلیندر

mesin pencampur

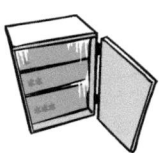

ژور يخچال

lemari es

د ماشوم بوتل

botol bayi

نل

keran

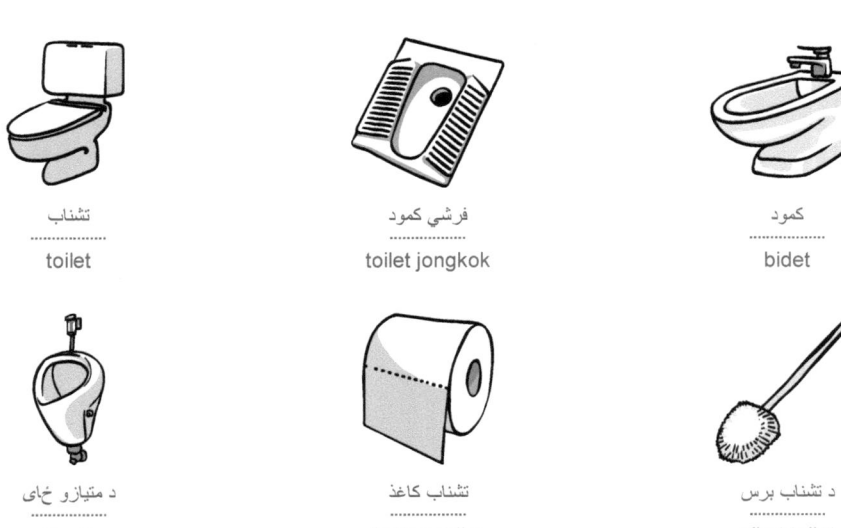

حمام

kamar mandi

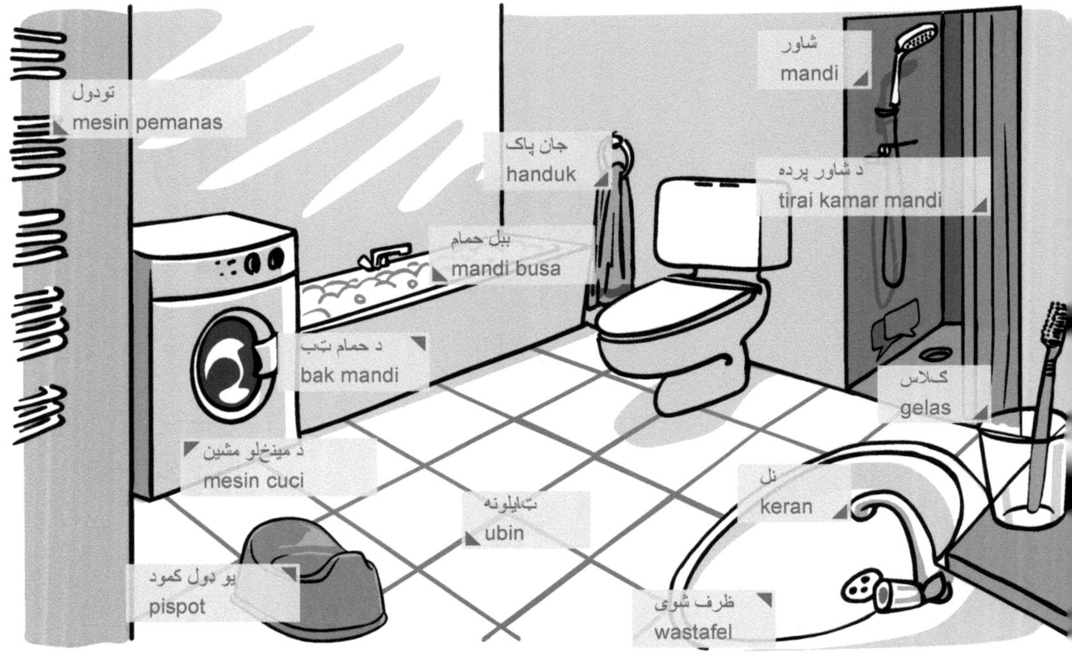

تودول
mesin pemanas
شاور
mandi
جان پاک
handuk
د شاور پرده
tirai kamar mandi
ببل حمام
mandi busa
د حمام ټب
bak mandi
ګلاس
gelas
د مينځلو مشين
mesin cuci
نل
keran
ټايلونه
ubin
يو دول کمود
pispot
ظرف شوی
wastafel

تشناب
toilet

فرشي کمود
toilet jongkok

کمود
bidet

د متيازو ځای
pissoir

تشناب کاغذ
kertas toilet

د تشناب برس
sikat toilet

د غاښونو برس

sikat gigi

د غاښونو کریم

pasta gigi

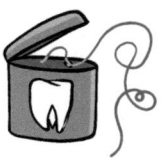

د غاښونو نخ

benang gigi

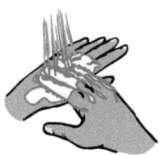

مینځل

menyuci

لاسي شاور

pancuran tangan

دوش

pancuran

خانک

bak

د شا برس

sikat punggung

صابون

sabun

د شاور ژل

gel mandi

شامپو

sampo

فلانل جامه

planel

وجول

kuras

کریم

krim

سپری

deodoran

حمام - kamar mandi

آینه
....
kaca

لاسي آینه
....
cermin tangan

ریزر
....
pisau cukur

د خریلو فوم
....
busa cukur

د خریلو وروسته
....
aftershave

ګمذخ
....
sisir

برس
....
sikat

د ویښتانو وچونکی
....
alat pengering rambut

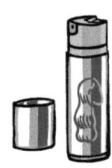
د ویښتانو سپری
....
semprot rambut

میک اپ
....
makeup

لیپ ستیک
....
lipstik

د نوکانو پالش
....
cat kuku

کاټن وری
....
kapas

ناخن ګیر
....
gunting kuku

عطر
....
minyak wangi

د مینځلو كڅوړه

kantong pencuci

ستول

bangku

د وزن كولو تله

timbangan

د حمام پوښاک

mantel mandi

د ربړ دستكش

sarung tangan karet

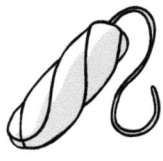

تامپون

tampon

صحیی جان پاک

handuk pembalut

كيميكل تشناب

toilet kimia

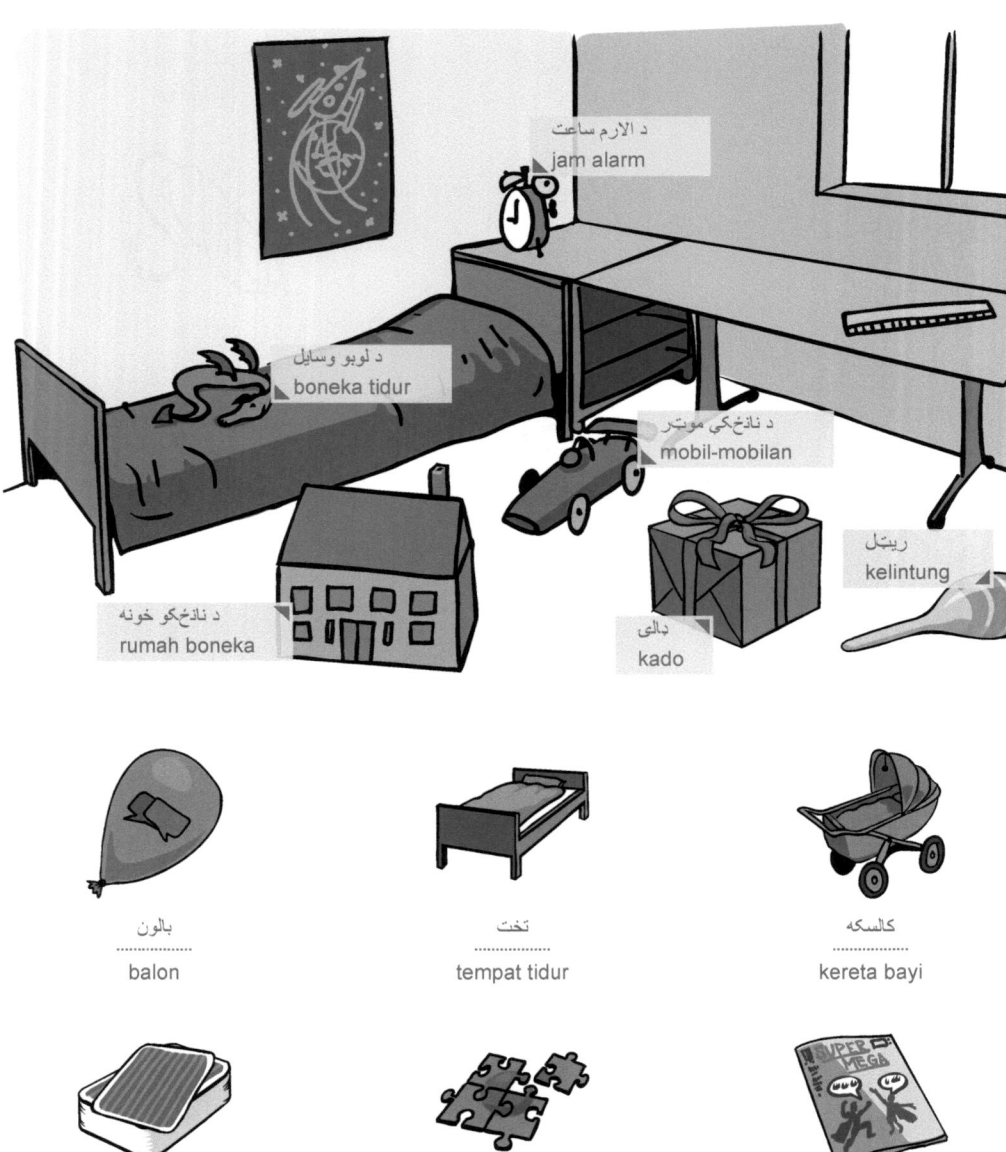

د الارم ساعت
jam alarm

د لوبو وسایل
boneka tidur

د ناخُکی موټر
mobil-mobilan

ریتِل
kelintung

د ناخُکو خونه
rumah boneka

بالی
kado

بالون
balon

تخت
tempat tidur

کالسکه
kereta bayi

د لوبو ورقی
mainan kartu

جیګسا
teka-teki

مسخره
komik

لیگو بریک

mainan lego

د ناڅوکو بلاک

blok mainan

د اکشن فیگور

figur aksi

د ماشوم پوښاک

baju monyet

فریزبي

frisbee

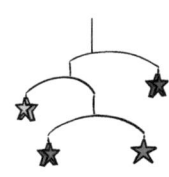

موبایل

mobile

بورد لوبه

permainan papan

تاس

dadu

مادل ریل سیت

set model kreta api

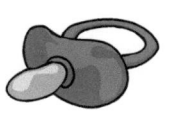

کونګشی

dot

پارتۍ

pesta

د عکسونو البوم

buku gambar

بال

bola

ناڅوکه

boneka

لوبیدل

bermain

د شگو کنده

tempat main pasir

سوينگ

ayunan

نانځکی

mainan

د ویډیو لوبو کنسول

video game konsol

نترای سایکل

sepeda roda tiga

گوډبکه

teddy

د کالو الماری

lemari pakaian

پوښاک

pakaian

جرابی

kaos kaki

لوري جرابی

kaos kaki

ټایټس

baju ketat

زروكي
syal

چترى
payung

بتي شرت
kaos

كمربند
sabuk

سنيكر
sepatu

بوتان
sepatu bot

سليپر
sandal

سيندل
sandal

بوتان
sepatu

د ربر بوتان
sepatu bot karet

زيرنيكري
celana dalam

سينه بند
BH

واسكت
baju rompi

بادي

body

پتلون

celana

جينز

jeans

لمن

rok

بلاوز

blus

شرت

kemeja

بنيان

aket berkerudung

سويتر

sweater

بليزر

jaket

جاكت

jaket

كوت

mantel

د باران كوت

jas hujan

پوښاك

kostum

كالي

gaun

د واده پوښاک

gaun pengantin

دريشي

setelan resmi

د شپې پوښاک

gaun tidur

پاجامه

piyama

ساري

sari

لوپټه

jilbab

پټکی

turban

برقه

burka

كفتن

kaftan

عبا

abaya

د لامبو پوښاک

pakaian renang

نيكر

celana renang

شارټ

celana pendek

د خُغاستي پوښاک

olah raga

پيش بند

celemek

دستكش

sarung tangan

بتۍن

kancing

عینک

kacamata

لاس بند

gelang

غاړه کۍ

kalung

ګوتمه

cincin

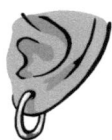

غوږوالۍ

anting

خولۍ

topi

کوټ بند

gantungan mantel

خولۍ

topi

نېکایی

dasi

ځنځیر

ritsleting

هیلمیټ

helm

تړونکی

tali selempang

د ښوونخي يونيفارم

seragam sekolah

يونيفارم

seragam

بيب
....
oto

كونگشى
....
dot

نيپي
....
popok

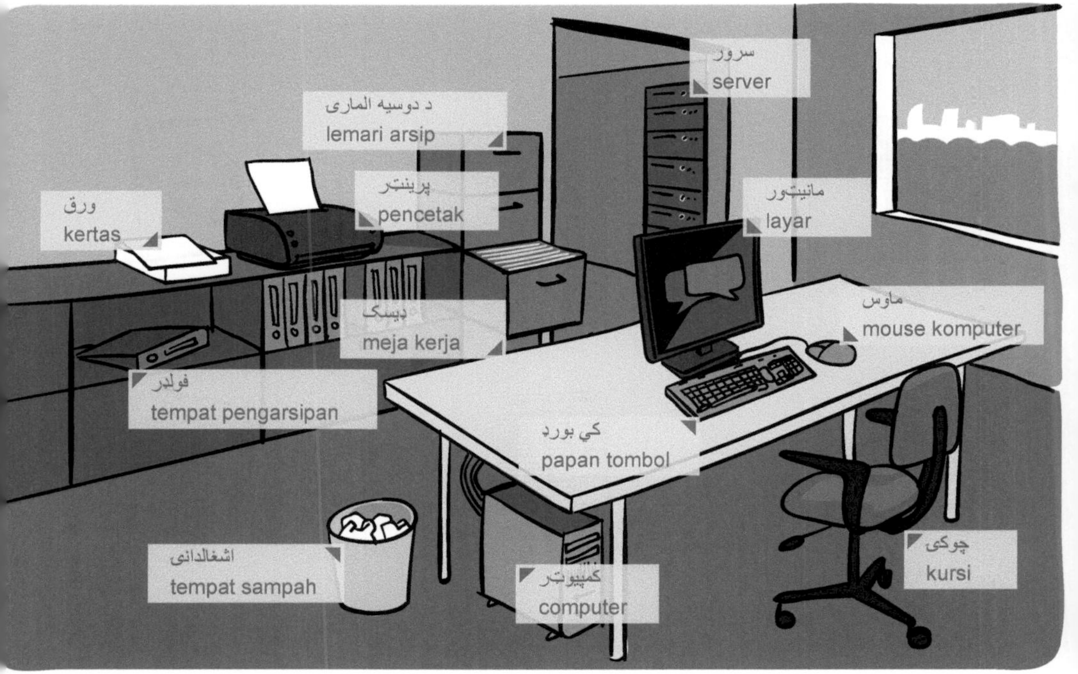

سرور
server

د دوسيه المارى
lemari arsip

مأنيتور
layar

ورق
kertas

پرينتر
pencetak

ماوس
mouse komputer

ديسك
meja kerja

فولدر
tempat pengarsipan

كي بورد
papan tombol

اشغالدانى
tempat sampah

كمپيوتر
computer

چوكى
kursi

د كافي پياله
....
cangkir kopi

كالكوليتر
....
kalkulator

انترنيت
....
internet

لپ‌تاپ

laptop

لیک

surat

پیغام

pesan

موبایل

telepon seluler

نیت‌ورک

jaringan

فوت‌وکاپیر

fotokopi

سافت‌ویر

software

تلیفون

telepon

پلک ساکت

plug soket

فکس مشین

mesin fax

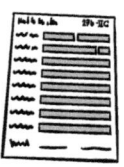

فارم

formulir

سند

dokumen

پیرل

membeli

تادیه کول

membayar

سوداگري کول

berdagang

پیسي

uang

دالر

Dollar

یورو

Euro

ین

Yen

ربل

Rubel

سویسي فرانک

Franc Swiss

رینمینبي یوان

Renminbi Yuan

روپی

Rupiah

د نغدي پیسو څای

ATM

د اسعارو د تبادلي دفتر

kantor pertukaran mata uang

سره زر

emas

سپین زر

perak

تیل

minyak

انرژي

energi

نرخ

harga

قرارداد

kontrak

مالیه

pajak

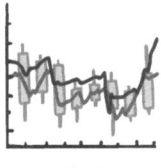

اسهام

saham

کار کول

bekerja

کارمند

karyawan

کار ګومارونکی

majikan

فابریکه

pabrik

پلورنځی

toko

مسلکونه

pekerjaan

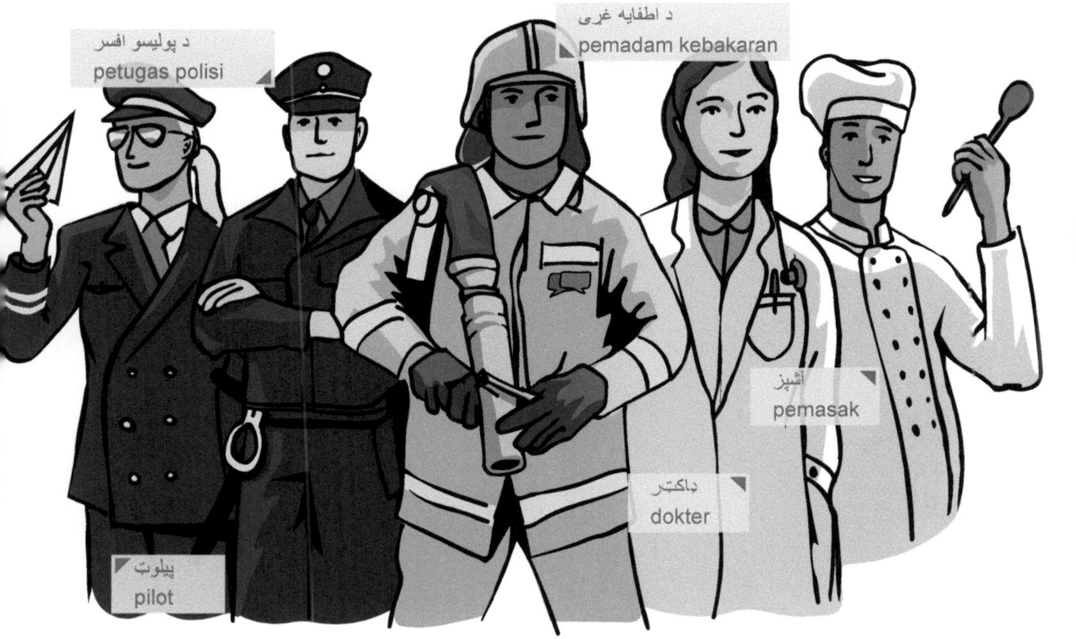

د پولیسو افسر
petugas polisi
د اطفایه غړی
pemadam kebakaran
آشپز
pemasak
داکتر
dokter
پیلوټ
pilot

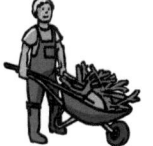

باغوان

tukan kebun

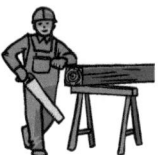

نجار

tukang kayu

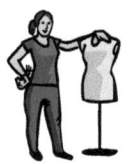

خیاط

penjahit wanita

قاضي

hakim

کیمیا پوه

ahli kimia

د فلم لوبغاړی

aktor

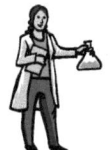

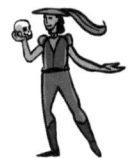

د بس ډرايور

sopir bis

د ټيکسي ډرايور

sopir taksi

کب نيونکی

nelayan

خدمه

pembantu

بام جوړونکی

tukang atap

پيشخدمت

pelayan

ښکاري

pemburu

نقاش

pelukis

نانوا

tukang roti

د برښنا کارکونکی

tukang listrik

تعمير جوړونکی

pembangun

انجنير

insinyur

قصاب

tukang daging

نلدوان

tukang ledeng

پوست رسونکی

tukang pos

سرتيرى

tentara

مهندس

arsitek

صراف

kasir

ماليار

penjual bunga

نايى

penata rambut

كليندر

konduktor

ميكانيك

montir

كپتان

kapten

د غاښونو ډاکټر

dokter gigi

ساينس پوه

ilmuwan

شاغلی

rabbi

امام

imam

مذهبي نفر

biarawan

پادري

pendeta

لوازم
alat

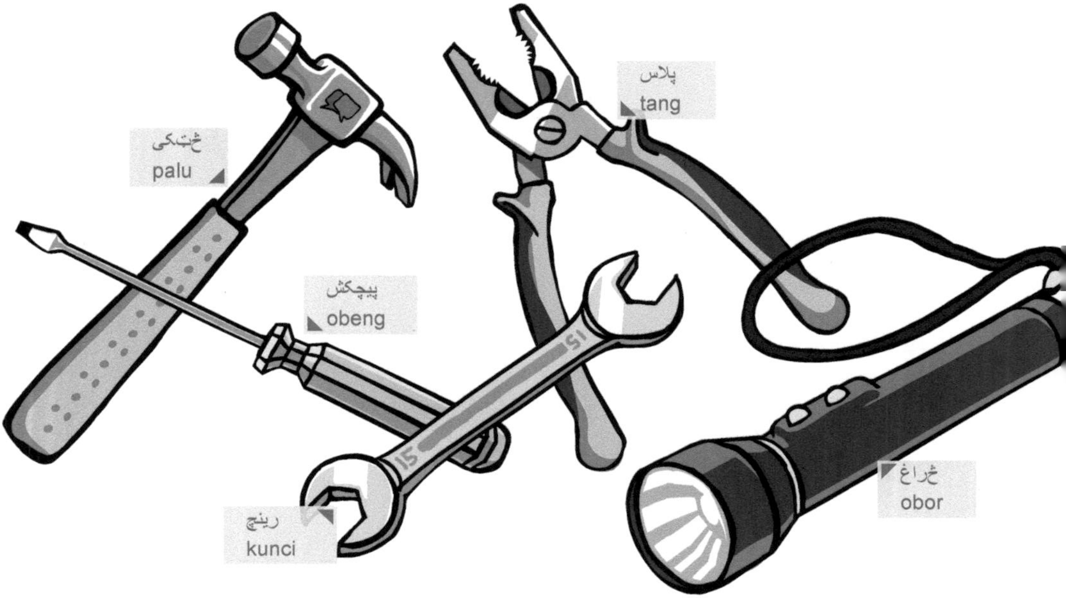
ځټکی
palu
پلاس
tang
پیچکش
obeng
رینچ
kunci
څراغ
obor

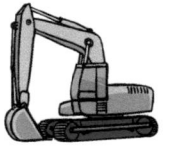

کنستونکی

penggali

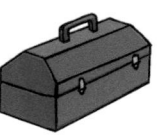

د لوازمو بکس

tas perkakas

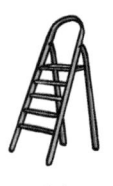

زینه

tangga

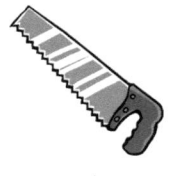

اره

gergaji

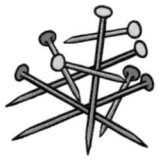

میخونه

paku

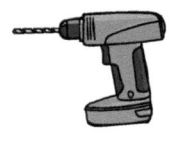

برمه

bor

ترمیم کول

perbaikan

بیل

sekop

لعنت!

Sialan!

خاک انداز

cikrak

مشوانۍ

pot cat

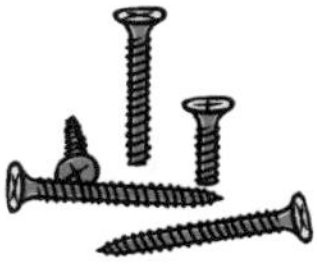

پیچونه

sekrup

د میوزیک آلات

alat musik

لاود سپیکر
pengeras suara

درم سیت
alat drum

کیتار
gitar

کنترباس
bas

ترومپیت
trompet

پیانو

piano

وایلن

violin

باس

bass

نغاره

tambur

درمونه

drum

کي بورد

keyboard

سیکسافون

saksofon

شپیلی

suling

مایکروفون

mikrofon

د میوزیک آلات - alat musik

kebun binatang

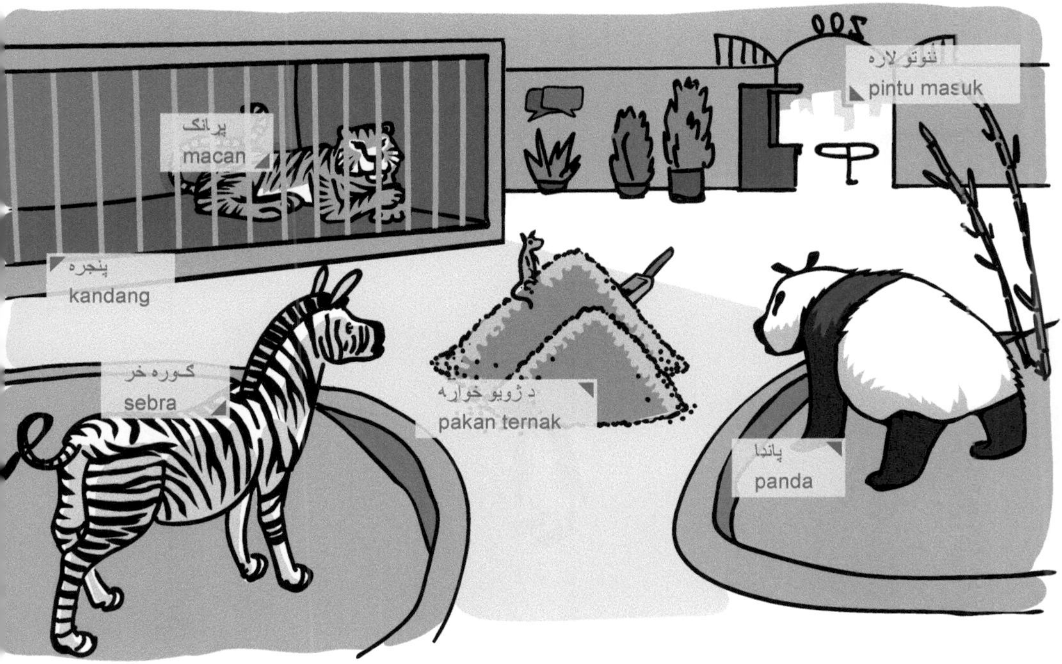
ننوتو لاره
pintu masuk
پړانګ
macan
پنجره
kandang
ګوره خر
sebra
د ژويو خواره
pakan ternak
پاندا
panda

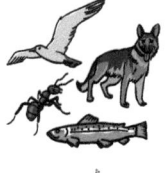

ژوی

hewan

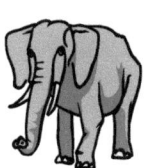

هاتي

gajah

کنګرو

kanguru

د اوبو اسپ

badak

ګوریلا

gorila

ايږه

beruang

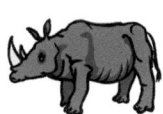

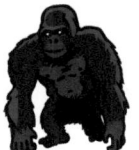

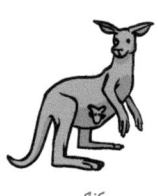

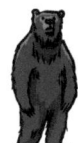

اوٮڊ
....
unta

شَترمرغ
....
burung unta

زمرى
....
singa

بيزو
....
monyet

غزى
....
flamingo

طوطى
....
burung beo

قطبي ايرٮه
....
beruang polar

پينگوين
....
penguin

شارك
....
hiu

طاوس
....
merak

مار
....
ular

تمساح
....
buaya

ژوبن ساٮونكى
....
penjaga kebun binatang

سٮل
....
segel

جگـوار
....
jaguar

يابو
....
kuda poni

پرانگ
....
macan tutul

هيپو
....
kuda nil

زرافه
....
jerapah

باز
....
burung elang

نرخوگ
....
babi jantan

كب
....
ikan

شمشتی
....
kura-kura

سمندري نولی
....
anjing laut

گيدره
....
rubah

هوسی
....
kijang

امریکایی فتبال
american football

سایکل چلول
naik sepeda

تینیس
tennis

باسکیتبال
basketbal

لامبو
bernang

د کنګل هاکي
hoki es

باکسینګ
tinju

فتبال
....
sepak bola

کسیزه
....
badminton

د خغاستي لوبي
....
atletik

د هندبال
....
bola tangan

سکي
....
main ski

پولو
....
polo

خندل
ketawa

تۇپ وهل
meloncat

غاړه وركول
memeluk

كرخيدل
berjalan

سندرى ويل
menyanyi

خوب ليدل
mengimpi

عبادت كول
berdoa

مچو كول
mencium

ليكل
menulis

كښنل
melukis

ښوودل
menunjuk

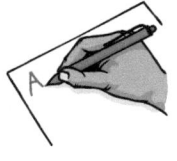

تيله كول
mendorong

وركول
memberikan

اخيستل
mengambil

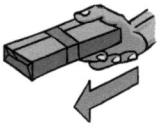
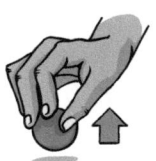

دلولودرد

mempunyai

کول

melakukan

دلبايپ

adalah

لدیردو

berdiri

هل و ىدنم

berlari

لنتکار

menarik

لرازوک

melempar

لدیول

jatuh

لتسانلامخ

tidur

لوک راظتنا

menunggu

لرو

membawa

لتسانينشتک

duduk

لتسوغا کاشبوپ

berpakaian

لدیک هدیو

tidur

لدیخاپ

bangun

كتل

melihat

ژرل

menangis

بريد كول

mengelus

گـمنځ كول

menyisir

خبري كول

berbicara

پوهيدل

mengerti

غوښتل

menanyak

اوريدل

mendengar

څښل

minum

خورل

makan

پاكول

merapikan

مينه كول

cinta

پخلى كول

memasak

موټر چلول

menyetir

الوتل

terbang

بیری چلول

berlayar

حساب

menghitung

لوستل

membaca

زده کول

belajar

کار کول

bekerja

واده کول

menikah

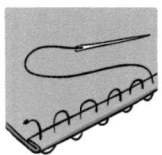

کنډل

menjahit

د غاښونو برس کول

sikat gigi

وژل

membunuh

سګرت څکښل

merokok

لیږل

kirim

نیا
nenek

نیکه
kakek

پلار
bapak

مور
ibu

ماشوم
bayi

لور
putri

زوی
putra

میلمه
....
tamu

ترور
....
bibi

کاک/ماما
....
paman

ورور
....
kakak laki

خور
....
kakak perempuan

بدن

badan

تندی
dahi
سترګې
mata
مخ
muka
زنه
dagu
ګوته
jari
لاس
tangan
سینه
payudara
مټ
lengan
اوږه
bahu
پښه
kaki

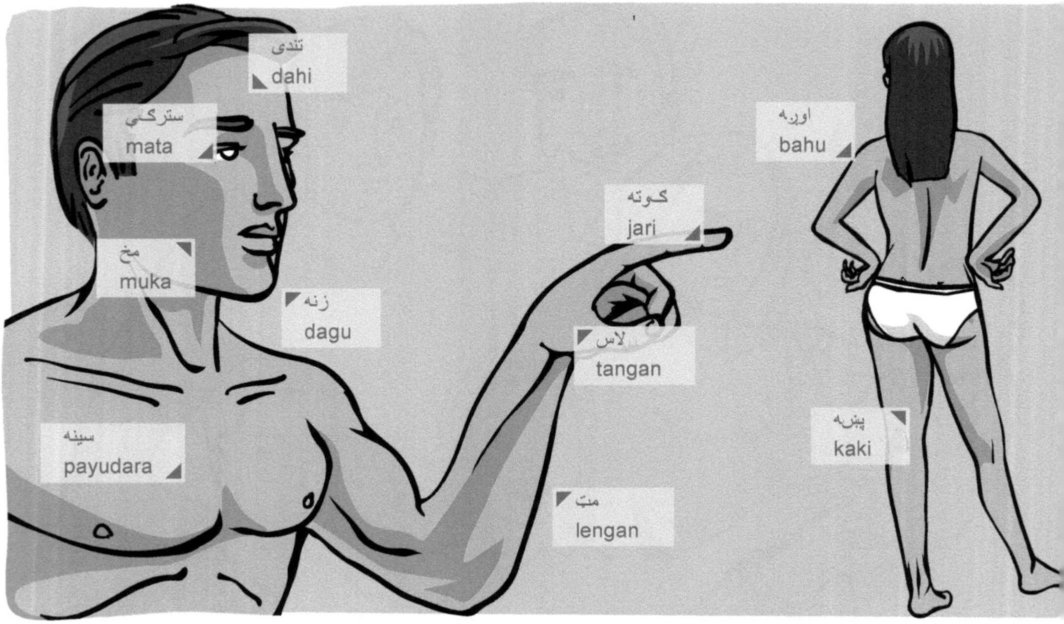

ماشوم

bayi

سړی

pria

ښځه

wanita

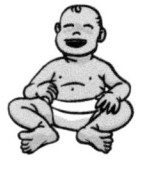

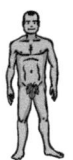

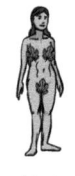

انجلۍ

perempuan

هلک

laki

سر

kepala

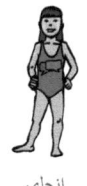

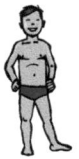

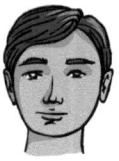

شا

punggung

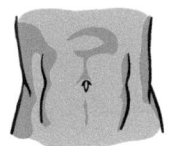

خیته

perut

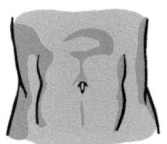

نوم

pusar

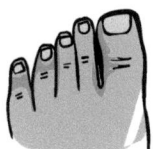

د پښې ګوته

toe

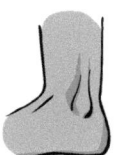

پونده

tumit

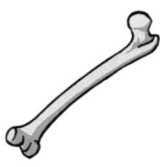

هډوکی

tulang

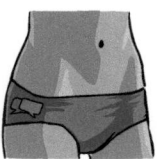

کوناتی

pinggang

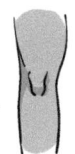

زنګون

lutut

څنګل

siku

پوزه

hidung

لاندي برخه

pantat

پوتکی

kulit

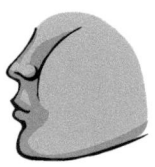

غومبوری

pipi

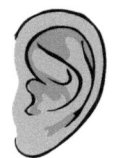

غوږ

telinga

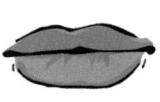

شونډه

bibir

خوله
....
mulut

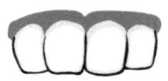

غابش
....
gigi

ژبه
....
lidah

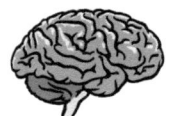

مغز
....
otak

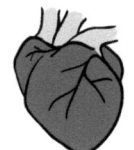

زره
....
jantung

عضله
....
otot

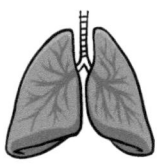

سږی
....
paru-paru

ځيګر
....
hati

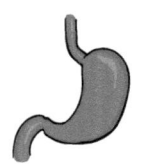

معده
....
stomach

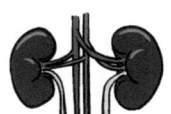

پښتورګي
....
ginjal

جنسي نږدي والی
....
hubungan seks

کاندوم
....
kondom

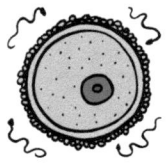

تخمه
....
sel telur

مني
....
sperma

حمل
....
kehamilan

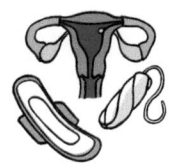

حيض
....
menstruasi

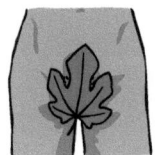

مهبل
....
vagina

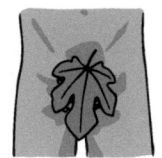

د نارينه تناسلي آله
....
penis

وروځی
....
alis

ويښته
....
rambut

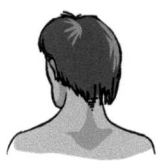

غاړه
....
leher

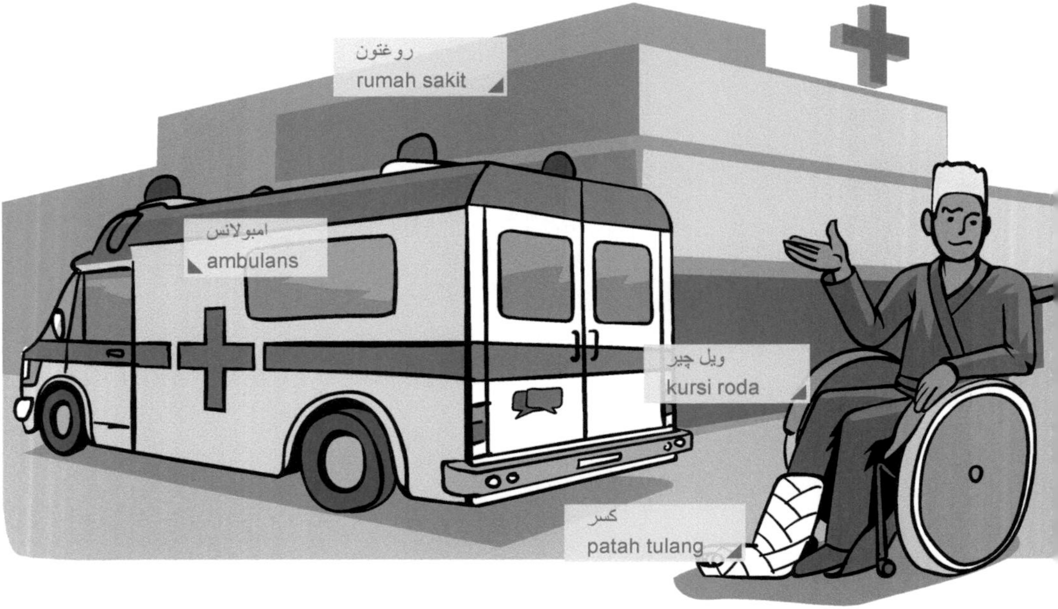

روغتون
rumah sakit

امبولانس
ambulans

ویل چیر
kursi roda

کسر
patah tulang

داکتر

dokter

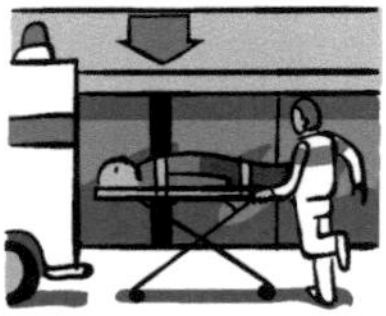

عاجل خونه

ruang darurat

نرس/پرستار

perawat

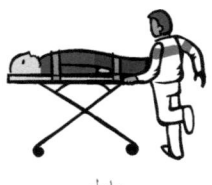

عاجل

darurat

semaput

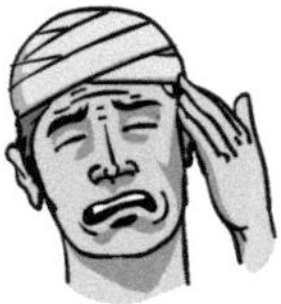

بی هوش

سر درد

sakit

ټپ

cedera

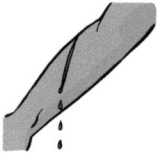

وينه توبدل

perdarahan

د زړه حمله

serangan jantung

ضرب

stroke

حساسيت

alergi

ټوخی

batuk

تبه

demam

انفلوينزا

flu

نس ناستى

diare

سر درد

sakit kepala

سرطان

kanker

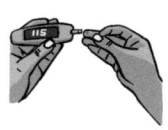

شكر

diabetes

جراح

ahli bedah

سكالپل

pisau bedah

عمليات

operasi

سیبیتي
CT

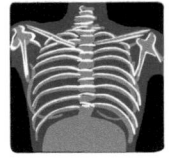

ری ایکس
sinar x

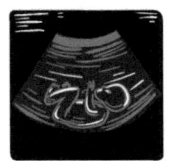

التراساوند
usg

کس ماخ د
topeng

یغوران
penyakit

انتظار خونه
ruang tunggu

آسما
penyokong

پلستر
plester

بنداژ
perban

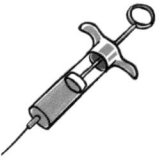

تزریق
injeksi

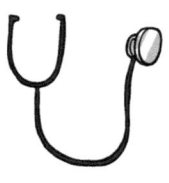

ستاتسکوپ
stetoskop

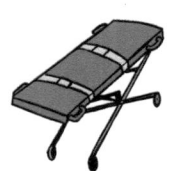

تسکیره
usungan

کلینکي ترمامیتر
termometer klinis

زیږون
kelahiran

زیات وزن
kelebihan berat badan

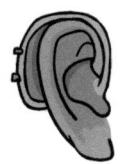

د اوريدو مرسته

alat pendengar

د عفونيت څخه پاكونكي مواد

desinfektan

عفونيت

infeksi

ويروس

virus

ايچ.آي.وي/ايدز

HIV / AIDS

درمل

obat

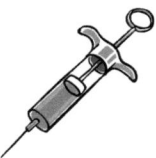

واكسين

vaksinasi

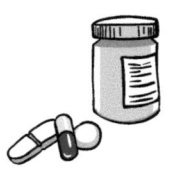

ټابليټس

tablet

ګولۍ

pil

عاجل تليفون

panggilan darurat

د ويني د فشار څارونكى

ukur tekanan darah

ناروغ/اروغ

sakit / sehat

مرستہ!

Tolong!

الارم

alarm

يرغل

penyerbuan

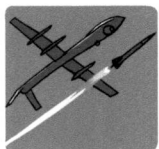

بريد

serangan

خطر

bahaya

ھره لاجل

pintu darurat

اورا!

Api!

د اور وژونکی

alat pemadam kebakaran

پیښه

kecelakaan

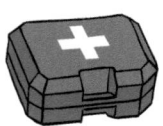

د لومړی مرستي لوازم

kit pertolongan pertama

ايس.او.ايس

SOS

پوليس

polisi

اروپا

Eropa

شمالي امريکا

Amerika Utara

سهيلي امريکا

Amerika Selatan

افريقا

Afrika

آسيا

Asia

آسترېليا

Australi

اتلانتيک

Atlantik

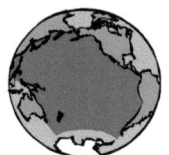

پاسيفيک

Pasifik

د هند بحر

Samudra India

جنوبي منجمد بحر

Samudra Antartika

د شمال قطب بحر

Samudra Arktik

شمالي قطب

kutub utara

سهيلي قطب
....
kutub selatan

انتاركتيكا
....
Antarktika

خُمكه
....
bumi

خُمكه
....
tanah

بحر
....
laut

نتاپو
....
pulau

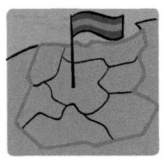

ملت
....
bangsa

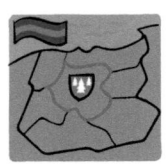

دولت
....
negara

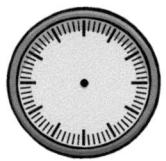

د مخي ساعت

jam wajah

د ساعت ستنه

jarum pendek

د دقيقي ستنه

jarum menit

د ثانيى ستنه

jarum detik

څه وخت دى؟

Jam berapa?

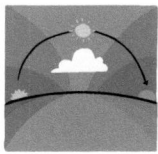

ورځ

hari

وخت

waktu

اوس

sekarang

ديجيتل ساعت

jam digital

دقيقه

menit

ساعت

jam

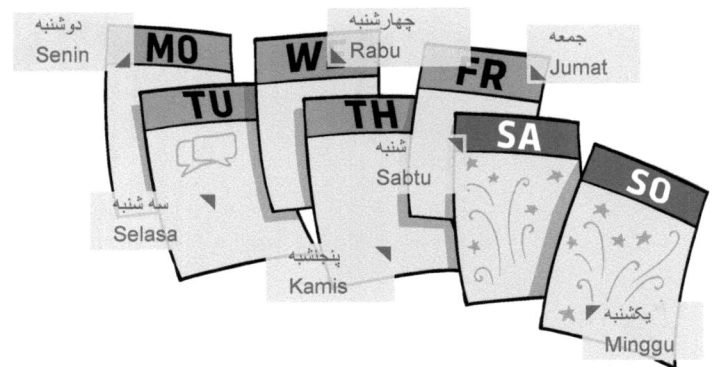

پرون	نن	سبا
kemaren	hari ini	besok
		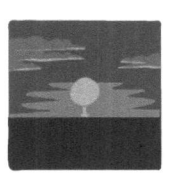
سهار	غرمه	ماښام
pagi	siang	malam

 کاري ورځي

hari kerja

د اونۍ پای

akhir minggu

کال

tahun

باران
hujan
رنګین کمان
pelangi
باد
angin
واوره
salju
پسرلی
musim semi
اوړی
musim panas
منی
musim gugur
ژمی
musim dingin

4.APRIL 11°
5.APRIL 4°
6.APRIL 13°
7.APRIL 8°
8.APRIL 10°

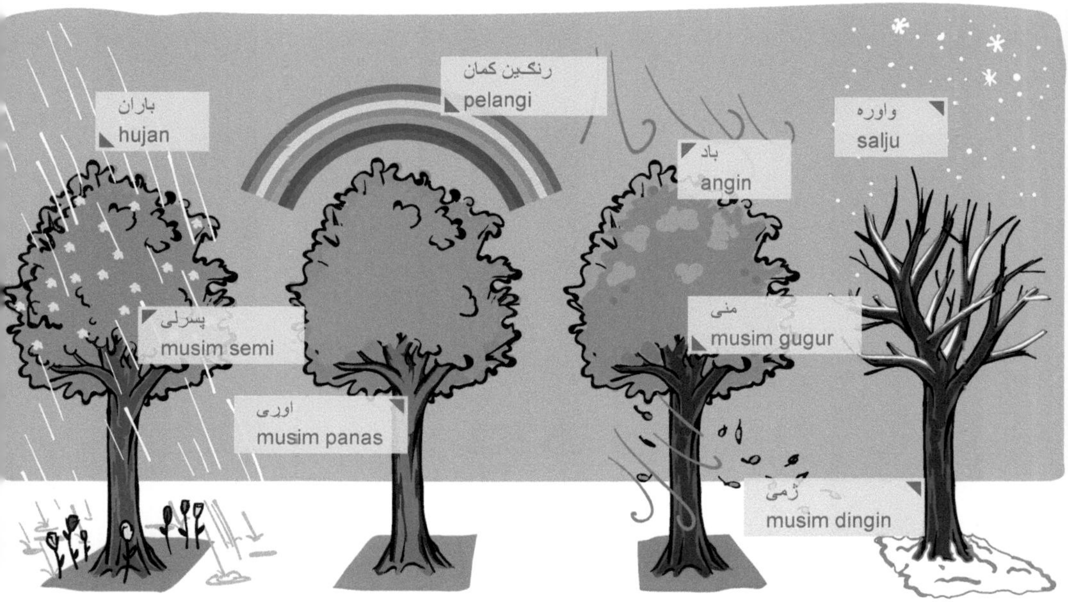

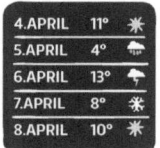

د موسم وړاندوینه

ramalan cuaca

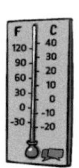

F C
120 40
90 30
60 20
30 10
0 0
-30 -10
-20

ترمومیټر

termometer

د لمر وړانګې

matahari

وریځ

awan

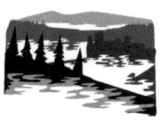

لړه

kabut

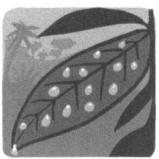

رطوبت

kelembahan

رپنا

kilat

تندر

guntur

توفان

badai

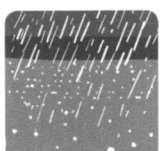

برلی وریدل

hujan es

مون سون باران

monsun

سیلاب

banjir

یخ

es

جنوري

Januari

فبروري

Februari

مارچ

Maret

اپرېل

April

مى

Mei

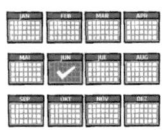

جون

Juni

جولاى

Juli

اګست

Agustus

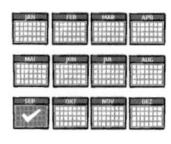

سپتمبر
....
September

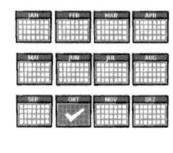

اكتوبر
....
Oktober

نومبر
....
November

دسمبر
....
Desember

شكلونه

bentuk

دايره
....
lingkaran

مربع
....
persegi

مستطيل
....
persegi panjang

مثلث
....
segi tiga

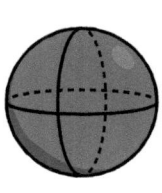

توپ
....
bola

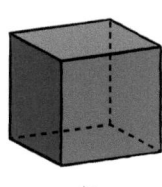

فال
....
kubus

warna-warna

سپين

putih

ژير

kuning

نارنجي

oranye

ګلابي

pink

سور

merah

ارغواني

ungu

نيلي

biru

شين

hijau

نسواري

coklat

خر

abu-abu

تور

hitam

خورا ډير/خورا لږ

banyak / sedikit

قار/ارام

marah / tenang

ښکلي/بدشکله

cantik / jelek

پيل/پای

mulaih / selesai

لوی/کوچنی

besar / kecil

روښانه/تياره

terang / gelap

ورور/خور

saudara laki-laki / saudara perempuan

پاک/کک

bersih / kotor

مکمل/نامکمل

lengkap / tidak lengkap

ورځ/شپه

hari / malam

مړ/ژوندی

mati / hidup

پراخه/انری

luas / sempit

د خوراک وړ/نه خوړل کیدونکی

dapat dimakan / tidak dapat dimakan

بد/مهربان

jahat / baik

پاریدلی/بی خوندہ

bersemangat / bosan

چاق/وچ

gemuk / kurus

لومړی/وروستی

pertama / terakhir

ملګری/دښمن

teman / musuh

ډک/تش

penuh / kosong

سخت/نرم

keras / lembut

درونډ/سپک

berat / enteng

لوږه/تنده

lapar / haus

ناروغ/روغ

sakit / sehat

غیرقانوني/قانوني

ilegal / legal

هوښیار/ساده

cerdas / bodoh

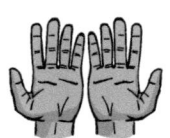

کین/ښي

kiri / kanan

نږدې/لرې

dekat / jauh

نوی/زوړ

baru / bekas

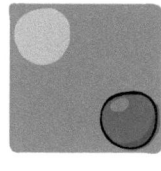

هیڅ/یو څه

tidak ada apapun / sesuatu

بوډا/ځوان

tua / muda

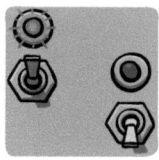

چالان/بند

nyala / mati

خلاص/ترلی

buka / tutup

غلی/لوړ غږ

tenang / keras

بډایه/غریب

kaya / miskin

صحیح/غلط

benar / salah

زیر/ملایم

kasar / halus

خفه/خوښ

sedih / gembira

لنډ/اوږد

pendek / panjang

سست/ګرندی

pelan-pelan / cepat

لوند/وچ

basah / kering

ګرم/یخ

hangat / sejuk

جګړه/سوله

perang / damai

angka-angka

0

صفر
....
nol

1

يو
....
satu

2

دوه
....
dua

3

دري
....
tiga

4

څلور
....
empat

5

پنځه
....
lima

6

شپږ
....
enam

7

اوه
....
tujuh

8

اته
....
delapan

9

نهه
....
sembilan

10

لس
....
sepuluh

11

يولس
....
sebelas

12

سولد

duabelas

13

سلاريد

tigabelas

14

سلاروخ

empatbelas

15

سلخذپ

limabelas

16

سرابش

enambelas

17

سولوو

tujuhbelas

18

ستلاتا

delapanbelas

19

سولون

sembilanbelas

20

لش

duapuluh

100

لس

seratus

1.000

رز

seribu

1.000.000

ميليون

juta

انگلسي

Inggris

امريكايي انگلسي

bahasa Inggris Amerika

چينايي مندرين

bahasa Cina Mandarin

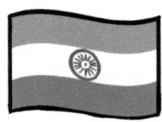

هندي

bahasa Hindi

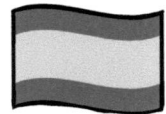

هسپانوي

bahasa Spanyol

فرانسوي

bahasa Perancis

عربي

bahasa Arab

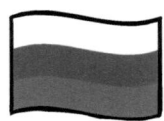

روسي

bahasa Rusia

پرتگالي

bahasa Portugis

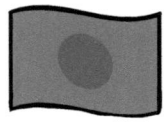

بنگالي

bahasa Bengal

آلماني

bahasa Jerman

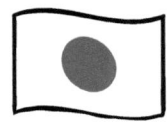

جاپاني

bahasa Jepang

زە

saya

تە

kamu

ھغھا/دغھا/دا

dia

مورِ

kita

تاسي

kalian

دوی/ھغوی

mereka

څوک؟

siapa?

څه؟

apa?

څنگە؟

begaimana?

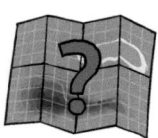

چیری؟

dimana?

کلە؟

kapan?

نوم

nama

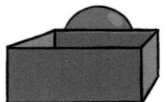

شاته

dibelakang

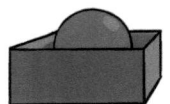

په

di

په مخه کي

didepan

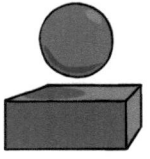

باندی

diatas

په

diatas

لاندي

dibawah

برسیره پر

sebelah

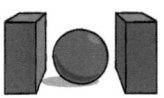

ترمینځ

di antara

ځای

tempat